Barack Obama
Michelle Obama

ZEIGT
GESICHT!

MICHELLE OBAMA
BARACK OBAMA

ZEIGT
GESICHT!

Die Abschiedsreden

Aus dem Amerikanischen übersetzt
von Astrid Gravert

Ullstein

INHALT

Vorwort der Herausgeber
Seite 7

Abschiedsrede von Michelle Obama
Seite 13

Abschiedsrede von Barack Obama
Seite 29

Danksagung
Seite 61

Anmerkungen
Seite 63

VORWORT
der Herausgeber

Abschiedsreden von Präsidenten haben in Amerika Tradition und gehen auf den ersten Präsidenten, George Washington, zurück. Der Text von Washingtons Abschiedsrede ist eines der herausragenden und grundlegendsten Dokumente der amerikanischen Geschichte und wurde jahrzehntelang anlässlich seines Geburtstages im Kongress verlesen. In der Abschiedsrede warnt Washington bekanntermaßen vor Partikularismus und Regionalismus, die die Einheit gefährden, sowie vor Polarisierung und Chauvinismus politischer Parteien – die »verderblichen Wirkungen des Parteigeistes« –, denn sie setzen »an die Stelle des übertragenen Willens der Nation den Willen einer Partei«.[1] Außerdem hat er eine dritte Amtszeit für Präsidenten für unrechtmäßig erklärt und diese Auffassung im Grunde genommen eingeführt.

Barack Hussein Obama reihte sich also in eine
lange Tradition ein, als er am 10. Januar 2017,
kurz vor dem Ende seiner acht Jahre – zwei Pe-
rioden – dauernden Amtszeit als Präsident der
Vereinigten Staaten und unmittelbar nach dem
am schärfsten polarisierenden Präsidentschafts-
wahlkampf der amerikanischen Geschichte, in
jene Stadt zurückkehrte, in der seine politische
Karriere begann: seine Wahlheimatstadt Chicago, Illinois, um vor einer riesigen jubelnden
Menge im größten Kongresszentrum Nord-
amerikas, dem McCormick Place, eine Abschiedsrede zu halten. Es war eine starke Rede,
die an die Begeisterung anknüpfte, die seine
historische und umwälzende Wahlkampagne
von 2008 gekennzeichnet hatte, als er mit seiner
Redegabe hingerissene Zuhörer dazu brachte,
zurückzurufen und in Jubel auszubrechen,
und seine gekonnten Ruf-Antwort-Kadenzen
in die Sprechchöre »Yes, we can!« mündeten.
Die Menge im überfüllten McCormick Place
reagierte genauso lautstark wie die Menschen-
mengen damals, an einer Stelle brach sie sogar
in den Sprechchor »Noch vier Jahre!« aus
(was eine entschiedene, wenn auch scherzhaf-
te Schelte des schlagfertigen Obama nach sich
zog). Sie bekundete lautstark Lob, Unterstützung und Zustimmung, als der Präsident auf

das zurückblickte, was er als die stolzesten Leistungen seiner Regierung betrachtete, als er emotional wurde, als er auf die Unterstützung durch seine Familie und ihre Rolle in seiner Präsidentschaft zu sprechen kam und als er die fortwährende Notwendigkeit betonte, weiter an der Verwirklichung der Ziele zu arbeiten, die Amerika noch nicht erreicht hat.

Der Leser wird merken, dass die Rede auch traurige Momente kannte. Die offenbare Beklommenheit und die Angst der Menschen, dass viele Errungenschaften Obamas – besonders seine historische Gesetzgebung zu Krankenversicherung, Steuer und Klimaschutz – von der ihm folgenden Regierung zurückgenommen würden, wurden thematisiert. In der Berichterstattung vieler Zeitungen hieß es am nächsten Tag, der Gedanke, dass auf den ersten schwarzen Präsidenten ein Rassist folge, sei das eigentlich Bedrückende gewesen, das unausgesprochen im Raum gestanden habe.

Gleichwohl hatte die ganze Rede den meditativen Charakter, der dem nachdenklichen und zum Nachdenken anregenden Redner eigen ist. Seine Betonung lag – wie bei seiner ersten Kampagne – auf der Überbrückung

ideologischer Gräben und dem Eintreten für
Demokratie, die nicht durch Angst geschwächt
werden darf. Das war mitreißend genug, um
den bekannten Sprechchor »Yes, we can!« in
der Menge auszulösen, den der Präsident mit
dem Hinweis unterbrach: »Yes, we did.«

Nur wenige Tage vorher, am 6. Januar 2017,
hatte die First Lady Michelle Obama ihre Abschiedsrede unter ganz anderen Umständen
und eher spontan gehalten. Anlass war eine
Veranstaltung im Weißen Haus zu Ehren der
School Counselor, der Beratungslehrer, die von
der Ehrung des Beratungslehrers des Jahres
gekrönt wurde – eine Feierlichkeit, die sie
jedes Jahr ausrichtete. Da sie während ihrer
Zeit als First Lady eine leidenschaftliche Ver-
fechterin öffentlicher Bildungseinrichtungen
war und den Ruf genoss, regelmäßig Schüler
und Studenten zu kulturellen Veranstaltungen
ins Weiße Haus einzuladen, befand sie sich hier
in einem Kreis von Bewunderern. Als sie dann
vor vielen Lehrern im überfüllten East Room
stand, wurde sie während ihrer Rede mehrere
Male von Gefühlen überwältigt. Und als sie
ihren Unterstützern und denen ihres Mannes
dankte und die Erfolge aufzählte, auf die sie
stolz war und von denen sie hoffte, dass sie blei-

ben würden, wischten sich Mitarbeiter, Amts-
inhaber und Lehrer, die sie umringten und sich
um sie drängten, die Tränen aus den Augen.

Wie während der gesamten Präsidentschaft ihres Mannes und besonders während der letzten
Monate, in denen sie für Hillary Clinton Wahlkampf gemacht hatte, stellte Michelle Obama
sich der Situation und erwies sich wieder einmal als sprachgewaltige Rednerin – in dieser
Hinsicht war sie mit Sicherheit die fähigste aller First Ladies der amerikanischen Geschichte.
Deutlich, reflektiert und ermutigend sprach sie
sowohl Erfolge an als auch den Wechsel, der
dem Land bevorstand. Selbst als sie sich implizit
direkter und kritischer über den zukünftigen
Präsidenten äußerte als ihr Mann – insbesondere in den spitzen Bemerkungen über »unsere
wunderbare Vielfalt« – und selbst als sie ge-
wissenhaft ihren Mitarbeitern einzeln dankte:
Ihre Rede lief auf den erstaunlichen Appell zur
Hoffnung hinaus, denn diese »bringt das Land
voran, jeden einzelnen Tag«.

Schließlich demonstrieren die Abschiedsreden
sowohl Michelle als auch Barack Obamas über-
zeugend, dass sie zwei der großartigsten Redner der amerikanischen Geschichte sind. Jede

dieser Reden ist für sich genommen ein bewe-
gender Meilenstein in der Präsidentschafts-
geschichte, und zusammen sind sie zugleich
bewegende Dokumente dieses dynamischen,
inspirierenden Paares und seiner Zeit im
Weißen Haus.

ABSCHIEDSREDE VON
MICHELLE OBAMA

Weißes Haus, Washington, D.C.,
6. Januar 2017

Hallo, alle zusammen. Zum letzten Mal begrüße ich euch offiziell im Weißen Haus. *(Applaus)* Ja, wir freuen uns sehr, dass ihr alle hier seid, um den landesweiten Beratungslehrer des Jahres zu ehren sowie die Beratungslehrer des Jahres der einzelnen Bundesstaaten. Diese bewundernswerten Frauen und ein paar gute Männer ... *(Gelächter)* – ein guter Mann – sind hier auf der Bühne und vertreten Schulen des ganzen Landes.

Zunächst möchte ich Terri für die wunderbare Einführung und ihre treffenden Bemerkungen danken. Ich werde gleich noch viel mehr über Terri sagen, aber zuerst möchte ich einigen Anwesenden danken. Als Erstes unserem hervorragenden Bildungsminister John King. *(Applaus)* Ebenso unserem früheren Bildungsminister Arne Duncan. *(Applaus)* Ich möchte euch beiden bei dieser Gelegenheit öffentlich für euer Engagement, eure Führungsstärke und eure Freundschaft danken. Ohne die Unterstützung des Bildungsministeriums unter eurer beider Leitung hätten wir dies hier nicht machen können. Ich bin euch deshalb persönlich dankbar und stolz auf alles, was ihr für das Land getan habt.

Ich möchte noch einigen anderen besonderen Gästen danken, die hier unter uns im Publikum sind. Wir haben hier eine ziemlich starke Mannschaft – wie einer meiner Mitarbeiter gesagt hat: »Du bist ziemlich gut vernetzt.« *(Gelächter)* Ja, wir haben einige gute Freunde hier. Bei uns sind heute Ted Allen, La La Anthony, Connie Britton, Andy Cohen – ja, Andy Cohen ist hier *(Gelächter)* –, Carla Hall, Coach Jim Harbaugh und seine wunderschöne Frau, die viel besser aussieht als er *(Gelächter)*, Lana Parrilla, mein Freund Jay Pharoah, Kelly Rowland, Usher – *(»Woo«-Ruf aus dem Publi-*

kum) ... nicht so laut. *(Gelächter)* Reißt euch
zusammen, Ladys. Wale ist hier. Und natürlich
Allison Williams und ihre Mutter.

Alle diese Menschen sind hier, weil sie ihre
Prominenz nutzen, um unsere jungen Leute
zu ermutigen. Und ich bin euch allen so dankbar dafür, dass ihr unsere Initiative auf so viele
Arten und bei so vielen Gelegenheiten unterstützt habt. Ich habe das Gefühl, dass ich euch
all diese Jahre belästigt habe, indem ich immer wieder gefragt habe: »Wo wirst du dann
sein?« – »In New York.« – »Kannst du kommen? Kannst du herkommen? Kannst du das
machen? Kannst du das übernehmen? Kannst
du dich dafür einsetzen? Kannst du kommen?
Können wir zusammen rappen? Können wir
zusammen singen?« *(Gelächter)* Also euch allen vielen herzlichen Dank. Es bedeutet unend-
lich viel für diese Initiative, dass so einflussrei-
che, angesehene und bewunderte Personen die
Sache unterstützt haben. Herzlichen Glück-
wunsch zu der Arbeit, die ihr geleistet habt –
wir werden weitermachen.

Besonders möchte ich heute dem außerordent-
lichen Führungsteam, das vom ersten Tag
an hinter *Reach Higher*[2] gestanden hat, An-

erkennung aussprechen. Ich möchte mir die
Zeit nehmen, ein paar Menschen persönlich
zu danken: dem Geschäftsführer Eric Waldo.
(Applaus) Wo ist Eric? Du musst hervortreten.
(Applaus) Eric benimmt sich wie ein schlechter
Schauspieler, aber er liebt das Rampenlicht.
(Gelächter) Er tut ein bisschen schüchtern.

Ich möchte auch der stellvertretenden Geschäftsführerin, Stephanie Sprow, Anerkennung aussprechen. *(Applaus)* Und – er mag das
wirklich nicht, denn er versucht so zu tun, als
sei er gar nicht da: unserem leitenden Berater
Greg Darnieder. *(Applaus)* Greg war sein ganzes Leben eine führende Persönlichkeit in der
Erziehung. Ich kenne ihn, seit ich eine kleine
Hilfskraft war. Es war einfach eine Freude, mit
euch allen zusammenzuarbeiten.

Diese Menschen sind großartig. Sie sind kreativ. Sie haben fast ohne Mitarbeiter und ohne
Budget Wunder vollbracht – ganz so, wie wir
auch das Büro der First Lady in Schwung
gebracht haben. *(Gelächter)* Und ich bin so
stolz und euch allen so dankbar für alles, was
ihr geleistet habt. Einen kräftigen Applaus.
(Applaus)

Schließlich möchte ich allen hier Anwesenden
meine Anerkennung aussprechen: den Lehrern, Führungskräften und jungen Leuten, die
dabei sind, seit wir *Reach Higher* im Jahr 2014
gegründet haben.

Als uns zum ersten Mal die Idee zu dieser Initiative kam, hatten wir ein ganz klares Ziel:
Wir wollten, dass höhere Bildung *cool* ist. Wir
wollten der Diskussion darüber, was in diesem Land Erfolg bedeutet und was dafür not-
wendig ist, eine andere Richtung geben. Denn
seien wir ehrlich: Wenn wir den Scheinwerfer
immer auf professionelle Sportler oder Musi-
ker oder Hollywoodstars richten, wenn das die
einzigen Leistungen sind, die wir feiern – wie
können wir dann erwarten, dass Jugendliche
das College als vorrangig betrachten?

Deshalb haben wir beschlossen, die Rollen um-
zubesetzen und ein großes, helles Scheinwerfer-
licht auf alles zu richten, was mit Bildung zu-
sammenhängt. Zum Beispiel haben wir einen
landesweiten Tag der College-Einschreibung
eingeführt, den *College Signing Day*. Wir wollten die ganze Dramatik und Aufregung nach-
ahmen, die gewöhnlich den wenigen phan-
tastischen Football- und Basketballspielern

vorbehalten ist, wenn sie sich für ein College-
oder Universitätsteam entscheiden. Wir wollten genauso viel Energie und Aufmerksamkeit
auf Jugendliche richten, die wegen ihrer schu-
lischen Leistungen aufs College gehen. Denn
auch darauf sollte ein Land den Scheinwerfer
richten: auf Jugendliche, die in der Schule hart
arbeiten und das Richtige tun, selbst wenn niemand zuschaut – und viele schaffen das, trotz
entmutigender Aussichten.

Als Nächstes starteten wir *Better Make Room*,
eine Social-Media-Kampagne, um junge Menschen dabei zu unterstützen und zu ermutigen, eine höhere Ausbildung abzuschließen.
Damit die Botschaft wirklich überall ankam,
gab ich – Sie erinnern sich vielleicht – mein
Debüt als Sängerin *(Gelächter)* und rappte mit
Jay darüber, wie wichtig es ist, aufs College zu
gehen, um etwas zu lernen. *(Gelächter und Applaus)*

Wir sind auch sehr stolz auf das, was diese Regierung unternommen hat, um eine höhere Ausbildung erschwinglich zu machen. Wir haben
die Investitionen in staatliche Ausbildungsför-
derung und die Steuerfreibeträge für Studien-
kosten verdoppelt. Wir haben die Möglichkeiten

einkommensbasierter Darlehensrückzahlungen
für Zehntausende von Studenten erweitert. Wir
haben die Beantragung finanzieller Unterstützung vereinfacht. Wir haben eine College-Be-
wertungsliste erstellt, um Studenten bei der
Wahl des Colleges zu helfen. Und wir haben
für eine neue Finanzierung und Förderung von
Beratungslehrern gesorgt. *(Applaus)*

Alles in allem haben wir in dieser Regierung
die größte Investition in höhere Bildung seit
der G.I. Bill getätigt.[3] *(Applaus)* Die Zahl der
Highschool-Absolventen ist heute auf einem
Rekordhoch, und es gehen mehr junge Menschen aufs College als jemals zuvor.

Wir wissen, dass Beratungslehrer wie jene, die
hier bei mir auf der Bühne stehen, eine ent-
scheidende Rolle dabei gespielt haben, das zu
erreichen. Eine neue Studie hat gezeigt, dass
Schüler, die mit einem Beratungslehrer über
finanzielle Hilfen oder das College gesprochen
haben, dreimal häufiger ein College besuchen
und fast siebenmal häufiger finanzielle Hilfen
beantragen als andere.

Unsere Beratungslehrer gehören also wirklich zu den Helden von *Reach Higher*. Deshalb

haben wir vor zwei Jahren diese Veranstaltung
organisiert, weil sie endlich für ihre Arbeit Anerkennung bekommen müssen. *(Applaus)* Wir
wollten, dass jeder erfährt, was diese fabelhaf-
ten Männer und Frauen jeden Tag im Leben
junger Menschen bewirken. Und unsere Be-
ratungslehrerin des Jahres 2017, Terri Tchorzynski, ist dafür ein perfektes Beispiel.

Wie Sie gehört haben, ist Terri am Calhoun
Area Career Center tätig, einem schulintegrier-
ten Berufsbildungszentrum in Michigan. In
seinem Empfehlungsbrief schreibt ihr Rektor
über sie: »Sobald sie einen elementaren Bedarf
bemerkt, arbeitet sie unermüdlich daran, die
Lage zu verbessern.« Als Schüler an Terris
Schule berichteten, sie fühlten sich für eine Be-
werbung um eine höhere Ausbildung nicht vor-
bereitet, wurde Terri aktiv und entwickelte für
die ganze Schule ein komplettes College-Vor-
bereitungsprogramm. Unter Terris Leitung be-
suchten mehr Schüler denn je Workshops zum
Schreiben von Lebensläufen, zum Beantragen
von FAFSA[4] – ja, jetzt kann ich FAFSA aussprechen *(Gelächter)* – und zur Vorbereitung
auf Auswahlgespräche. Sie haben Berufswahl-
und Persönlichkeitstests absolviert. Sie haben
bei der Planung einer speziellen College-Wo-

che mitgeholfen. Und sie haben einen *Military
Day* organisiert und Musterungsoffiziere aus
allen Abteilungen der Streitkräfte eingeladen.
Aufgrund dieser Bemühungen unternehmen
jetzt 75 Prozent der Oberstufenschüler von
Calhoun alle für die Collegebewerbung notwendigen Schritte, und Terris Schule hat auf
einzelstaatlicher und nationaler Ebene Anerkennung erlangt.

Das ist nur ein ganz kleiner Teil dessen, was
Terri täglich für ihre Schülerinnen und Schüler
tut. Ich könnte endlos davon erzählen, wie viel
Zeit sie mit Einzelgesprächen verbringt, um
ihnen dabei zu helfen, herauszufinden, wie sie
sich ihren Lebensweg vorstellen. Terri hat uns
davon erzählt, und sie hat insbesondere von
einer Schülerin erzählt; deshalb haben wir bei
Kyra nachgefragt. Kyra hat uns Folgendes geschrieben (ich zitiere ihre eigenen Worte): »Mrs
Tchorzynski hat mir dabei geholfen, mich
lieben zu lernen. Sie hat mir geholfen, meine
Zweifel und Unsicherheiten zu überwinden.«
Sie schreibt, ihr Leben habe sich »in jeder Hinsicht zum Besseren« verändert. Sie schreibt:
»Sie hat in den schwersten Zeiten meine Hand
gehalten.« Sie schreibt: »Mrs Tchorzynski ist
meine Lebensretterin.«

Und das macht jeder von euch jeden Tag. Ihr seht, was in jedem eurer Schülerinnen und Schüler steckt. Ihr glaubt an sie, auch wenn sie selbst nicht an sich glauben, und ihr unterstützt sie unermüdlich darin, die zu werden, die sie eigentlich sein sollten. Und ihr tut das alles trotz riesiger Herausforderungen: Knappe Budgets, das unmögliche Verhältnis zwischen der großen Anzahl der Schüler und der Menge der verfügbaren Beratungslehrer – ja, wirklich *(Gelächter)* –, das kostet endlos viel von eurer Zeit.

Ihr kommt früh, ihr bleibt lange. Ihr greift in die eigene Tasche – ihr seht, hier gibt's viel Zustimmung. *(Gelächter)* Ihr haltet zu den Schülerinnen und Schülern in deren dunkelsten Momenten, wenn ihre Sorgen und Ängste am größten sind. Und jemand, der mit einem Mittel- oder Oberstufenschüler zu tun hat, weiß, wie das ist. Diese Männer und Frauen zeigen jenen Jugendlichen, dass sie wichtig sind, dass etwas in ihnen steckt; dass egal, wo sie herkommen oder wie viel Geld ihre Eltern haben, egal, wie sie aussehen oder wen sie lieben oder an was sie glauben oder welche Sprache sie zu Hause sprechen, sie einen Platz in diesem Land haben.

Da meine Zeit im Weißen Haus zu Ende geht, kann ich mir in meiner letzten offiziellen Rede als First Lady keine bessere Botschaft für unsere jungen Menschen vorstellen. Deshalb an alle jungen Leute in diesem Raum und an die, die zuschauen: Seid gewiss, dass dieses Land euch gehört – euch allen, jeder Herkunft und jeder Schicht! Wenn ihr Einwanderer seid oder eure Eltern es sind, seid gewiss, dass ihr an einer stolzen amerikanischen Tradition teilhabt – die der Aufnahme von neuen Kulturen, Talenten und Ideen, Generation für Generation, die unser Land zum großartigsten Land der Welt gemacht hat.

Wenn eure Familie nicht viel Geld hat, dann möchte ich, dass ihr daran denkt, dass viele Menschen in diesem Land, mein Mann und ich eingeschlossen, mit sehr wenig angefangen haben. Aber mit viel harter Arbeit und einer guten Ausbildung ist alles möglich – sogar Präsident zu werden. Darum geht es beim amerikanischen Traum.

Wenn du ein gläubiger Mensch bist, solltest du wissen, dass religiöse Vielfalt ebenfalls eine große amerikanische Tradition ist. Tatsächlich war das der Grund, warum viele Menschen in dieses

Land kamen: um ihren Glauben frei ausüben zu können. Ob man Muslim, Christ, Jude, Hindu oder Sikh ist – diese Religionen lehren unsere jungen Menschen Gerechtigkeit, Mitgefühl und Ehrlichkeit. Deshalb möchte ich, dass unsere jungen Menschen diese Werte weiterhin mit Stolz lernen und praktizieren. Ihr seht, unsere wunderbare Vielfalt – unsere Vielfalt von Religionen, Hautfarben und Überzeugungen – ist keine Bedrohung für das, was wir sind, sondern macht uns erst zu dem, was wir sind. *(Applaus)* Also sage ich euch jungen Leuten hier und euch jungen Leuten da draußen: Lasst euch von niemandem das Gefühl geben, es komme auf euch nicht an oder ihr hättet keinen Platz in unserer amerikanischen Geschichte – denn das habt ihr. Und ihr habt das Recht, genau der Mensch zu sein, der ihr seid.

Aber ich will auch ganz deutlich sagen: Dieses Recht wird euch nicht einfach gegeben. Nein, dieses Recht muss man sich jeden einzelnen Tag verdienen. Ihr könnt eure Freiheiten nicht als etwas Selbstverständliches betrachten. Wie alle Generationen vor euch müsst ihr euren Teil dazu beitragen, diese Freiheiten zu behalten und zu verteidigen. Und damit müsst ihr jetzt, da ihr jung seid, anfangen. Jetzt müsst ihr euch

darauf vorbereiten, euch an unseren nationalen
Debatten zu beteiligen. Als Bürger müsst ihr
euch darauf vorbereiten, informiert und engagiert zu sein, zu dienen und zu führen, für unsere stolzen amerikanischen Werte einzustehen
und sie in eurem täglichen Leben zu achten.
Das heißt auch: Ihr müsst die bestmögliche
Ausbildung erhalten, damit ihr kritisch denken, euch klar ausdrücken, einen guten Job bekommen und euch und eure Familie ernähren
und in eurer Gemeinde Gutes bewirken könnt.

Und wenn ihr auf Hindernisse stoßt – und
ich garantiere euch, das werdet ihr, und viele
von euch haben das bereits erlebt –, wenn ihr
kämpfen müsst und ans Aufgeben denkt, dann
möchte ich, dass ihr euch etwas vor Augen
haltet, über das mein Mann und ich gesprochen
haben, seit wir vor fast zehn Jahren diese Reise
begonnen haben – etwas, das uns jeden Moment im Weißen Haus und jeden Moment unseres Lebens begleitet hat: die Kraft der Hoffnung – die Überzeugung, dass etwas Besseres
immer möglich ist, wenn du bereit bist, dafür
zu arbeiten und zu kämpfen.

Wir sind von der Kraft der Hoffnung zu-
tiefst überzeugt. Denn sie hat es uns möglich

gemacht, uns über die Stimmen des Zweifels
und der Uneinigkeit, der Wut und der Angst
zu erheben, die uns in unserem Leben und
dem Land seit seinem Bestehen begegnet sind.
Die Hoffnung, dass wir unseren Lebenstraum
erfüllen können, wenn wir hart genug dafür
arbeiten und an uns glauben, ungeachtet der
Grenzen, die andere uns vielleicht setzen. Die
Hoffnung, dass Menschen vielleicht – nur
vielleicht – ermutigt werden, auch für sich das
Bestmögliche zu erreichen, wenn sie sehen, wer
wir eigentlich sind.

Es ist die Hoffnung von Schülerinnen und
Schülern wie Kyra, die alles daransetzen, ihre
Begabungen zu entdecken und mit der Welt zu
teilen. Es ist die Hoffnung von Beratungslehrern wie Terri und all den anderen Leuten hier,
die diese Schüler bei jedem Schritt ihres Weges
begleiten und sich weigern, auch nur einen einzigen jungen Menschen aufzugeben. Und ja,
verdammt, es ist die Hoffnung meiner Leute,
zum Beispiel meines Vaters, der jeden Morgen
aufgestanden ist und in der städtischen Klär-
anlage zur Arbeit ging, in der Hoffnung, dass
seine Kinder eines Tages aufs College gehen
und Möglichkeiten haben, von denen er nicht
einmal zu träumen wagte. Es ist die Hoffnung,

die wir alle – Politiker, Eltern, Geistliche –
brauchen, um uns um unsere jungen Menschen
zu kümmern. Denn das bringt unser Land voran, jeden einzelnen Tag: unsere Hoffnung für
die Zukunft und die harte Arbeit, zu der uns
diese Hoffnung anspornt.

Das ist meine letzte Botschaft als First Lady an
junge Menschen. Sie ist ganz einfach. *(Applaus)*
Ich möchte, dass unsere jungen Leute wissen,
dass sie wichtig sind, dass sie dazugehören. Also
habt keine Angst – hört ihr, ihr jungen Leute?
Habt keine Angst. Seid zielstrebig. Entschlos-
sen. Hoffnungsvoll. Stark. Verschafft euch eine
gute Ausbildung – und dann geht hinaus und
nutzt diese Ausbildung und baut ein Land, das
euren grenzenlosen Perspektiven entspricht.
Geht mit gutem Beispiel voran, mit Hoffnung,
niemals mit Furcht. Und seid gewiss, dass ich
bei euch bin, euch die Daumen drücke und
mich den Rest meines Lebens für eure Förderung einsetzen werde.

Das trifft auf jeden zu, der heute hier ist, auf
Lehrer und Fürsprecher im ganzen Land, die
jeden Morgen aufstehen und alles geben, um
junge Menschen aufzurichten. Ihnen allen bin
ich dankbar für Ihre Leidenschaft und Ihr En-

gagement und all die harte Arbeit für unsere
nächste Generation. Ich kann mir nicht vorstellen, wie ich meine Zeit als First Lady besser
beenden könnte, als mit euch zu feiern.

Ich möchte damit schließen, mich einfach zu
bedanken. Danke für alles, was ihr für unsere
Jugendlichen und für unser Land getan habt.
Eure First Lady zu sein war die größte Ehre
meines Lebens, und ich hoffe, ich habe euch
stolz gemacht.

(Applaus)

ABSCHIEDSREDE VON
BARACK OBAMA

McCormick Place Convention Center,
Chicago, IIIlnois,
10. Januar 2017

Hallo, Chicago! *(Applaus)* Es ist schön, wieder
zu Hause zu sein. *(Applaus)* Ich danke euch.
Danke. Vielen herzlichen Dank. Danke. *(Applaus)* Bitte setzt euch. *(Applaus)* Wir sind live
im Fernsehen, deshalb muss ich anfangen. *(Applaus)* Daran, dass niemand meine Anweisungen
befolgt, merkt man, dass ich eine »lame duck«
bin. *(Gelächter)* Bitte nehmt Platz. *(Applaus)*

Meine lieben amerikanischen Mitbürgerinnen
und Mitbürger, all die guten Wünsche, die
uns in den letzten Wochen erreichten, haben

Michelle und mich sehr gerührt. Heute Abend
bin ich an der Reihe, mich zu bedanken. *(Applaus)* Unabhängig davon, ob wir einer Meinung waren oder nicht, haben meine Gespräche mit euch, den Amerikanerinnen und
Amerikanern, in Wohnzimmern und Schulen,
landwirtschaftlichen Betrieben, Fabriken, Restaurants und auf entlegenen Militärstützpunkten dazu beigetragen, dass ich ehrlich geblieben
bin. Sie haben mich inspiriert und angespornt.
Ich habe jeden Tag etwas von euch gelernt.
Ihr habt nicht nur einen besseren Präsidenten
aus mir gemacht, sondern auch einen besseren
Menschen. *(Applaus)*

Als ich mit Anfang zwanzig nach Chicago
kam, war ich noch dabei herauszufinden, wer
ich bin und welches Ziel ich im Leben habe. Ich
begann, in einem Bezirk hier in der Nähe mit
Kirchengruppen zusammenzuarbeiten, die sich
um entlassene Stahlarbeiter kümmerten. Da,
auf der Straße, habe ich die Kraft des Glaubens
und die stille Würde arbeitender Menschen angesichts des drohenden Existenzverlustes kennengelernt.

*(Publikum: »Noch vier Jahre! Noch vier Jahre!
Noch vier Jahre!«)*

Das kann ich nicht.

(Publikum: »Noch vier Jahre! Noch vier Jahre!
Noch vier Jahre!«)

Da habe ich gelernt, dass sich nur etwas ändert, wenn ganz normale Bürgerinnen und Bürger sich engagieren, sich einsetzen und sich zusammentun, um Veränderungen zu fordern.

Nach acht Jahren als Präsident bin ich immer noch davon überzeugt. Und ich bin mit dieser Überzeugung nicht allein. Dies ist der Herzschlag der amerikanischen Idee – unseres mutigen Experiments der demokratischen Selbstverwaltung. Es ist die Überzeugung, dass alle Menschen gleich geschaffen und von unserem Schöpfer mit bestimmten unveräußerlichen Rechten ausgestattet wurden, zu denen jenes auf Leben, auf Freiheit und auf das Streben nach Glück gehören. Es ist das Beharren darauf, dass diese Rechte zwar selbstverständlich sind, sich aber niemals von alleine durchsetzen, und dass wir, das Volk, mit dem Instrument der Demokratie die Vereinigten Staaten vollkommener machen können.

Was für eine radikale Idee. Unsere Gründungs-
väter haben uns ein großartiges Geschenk
gemacht: die Freiheit, durch Anstrengung,
harte Arbeit und Vorstellungskraft unsere per-
sönlichen Träume zu verfolgen, und zugleich
das Gebot, gemeinsam einer größeren Sache zu
dienen: dem Wohl aller.

240 Jahre lang hat der Anspruch unserer Nation, eine Zivilgesellschaft zu bilden, jeder
neuen Generation Arbeit und Sinn gegeben.
Er hat Patrioten dazu gebracht, sich für die
Republik und gegen die Tyrannei zu entscheiden, Pioniere dazu, in den Westen zu ziehen,
Sklaven dazu, mit Hilfe eines geheimen Netz-
werks[5] den Weg in die Freiheit zu wagen. Er
hat Zuwanderer und Flüchtlinge angezogen
und über die Weltmeere und den Rio Grande
zu uns geführt. *(Applaus)* Er hat Frauen ver-
anlasst, Wahlrecht einzufordern, und Arbeiter
dazu, sich zu organisieren. GIs haben dafür am
Omaha Beach, in Iwo Jima, im Irak und in Af-
ghanistan ihr Leben gegeben. So wie Männer
und Frauen von Selma bis Stonewall das ihre
gegeben hätten. *(Applaus)*

Dies meinen wir, wenn wir sagen, die Vereinigten Staaten sind außergewöhnlich – nicht, dass

unsere Nation von Anfang an ohne Fehler war,
sondern, dass wir uns als fähig erwiesen haben,
uns zu verändern und nachfolgenden Generationen ein besseres Leben zu ermöglichen.

Es stimmt, wir haben nicht immer Fortschritte
gemacht. Der Weg der Demokratie ist mühsam
und voller Kontroversen. Manchmal ist er blu-
tig. Es scheint, als ob wir immer zwei Schritte
vorwärts und einen zurück gehen. Aber alles in
allem haben sich die Vereinigten Staaten wei-
terentwickelt und ihr Gründungsversprechen,
alle und nicht nur einige einzubeziehen, be-
ständig eingelöst.

Wenn ich euch vor acht Jahren gesagt hätte,
dass die USA eine schwere Rezession überwinden, die Autoindustrie neu beleben und über
den längsten Zeitraum in ihrer Geschichte Jobs
schaffen würden … (*Applaus*) Wenn ich euch
gesagt hätte, dass wir in unseren Beziehungen
zum kubanischen Volk ein neues Kapitel auf-
schlagen und das iranische Atomprogramm
stoppen würden, ohne einen einzigen Schuss
abzugeben; und dass wir den Drahtzieher der
Anschläge vom 11. September ausschalten würden … (*Applaus*) Wenn ich euch gesagt hätte,
dass wir allen Lebenspartnerschaften die Ehe

ermöglichen und weiter zwanzig Millionen
Mitbürgerinnen und Mitbürgern den Zugang
zu einer Krankenversicherung sichern würden … *(Applaus)* Wenn ich euch all das gesagt
hätte, dann wäret ihr vielleicht der Meinung
gewesen, dass unsere Ziele ein bisschen zu hoch
gesteckt sind. Aber genau das haben wir geschafft. *(Applaus)* Ihr habt es geschafft!

Ihr habt etwas verändert. Ihr habt die Hoffnungen der Menschen erfüllt, und euch ist es zu
verdanken, dass die Vereinigten Staaten heute
in fast jeder Hinsicht ein besserer, stärkerer Ort
sind als zuvor. *(Applaus)*

In zehn Tagen wird die Welt Zeuge eines Mar-
kenzeichens unserer Demokratie …

(Publikum: »Nein!«)

… nein, nein, nein, nein, nein … der friedlichen
Übertragung der Macht von einem frei gewählten Präsidenten auf den nächsten. *(Applaus)* Ich
habe dem designierten Präsidenten Trump
die Unterstützung meiner Administration zu-
gesagt, damit der Wechsel so reibungslos wie
möglich verläuft, genauso wie Präsident Bush
bei mir dafür gesorgt hat. Denn es ist unsere

Pflicht, zu gewährleisten, dass unsere Regierung die vielen Herausforderungen bewältigen kann, denen wir weiterhin gegenüberstehen.

Wir verfügen über die notwendigen Mittel dafür. Wir haben alles, was wir brauchen, um diesen Herausforderungen zu begegnen. Schließlich sind wir nach wie vor die wohlhabendste, mächtigste und angesehenste Nation der Welt. Aufgrund unserer Jugend, unserer Energie, unserer Vielfalt und Offenheit, unserer grenzenlosen Fähigkeit, Risiken einzugehen und uns neu zu erfinden, sollte uns die Zukunft gehören.

Das Potential kann sich jedoch nur entfalten, wenn die Demokratie funktioniert. Nur wenn unsere Politik der Anständigkeit unserer Bürgerinnen und Bürger entspricht. *(Applaus)* Nur wenn wir alle, unabhängig von Parteizugehörigkeit oder Einzelinteressen, dazu beitragen, dass wir uns wieder auf unser gemeinsames Ziel besinnen, was gerade jetzt dringend nötig ist.

Und darauf will ich heute Abend das Augenmerk richten: den Zustand unserer Demokratie. Ihr müsst wissen, Demokratie erfordert keine Übereinstimmung. Unsere Gründerväter haben diskutiert. Sie haben gestritten. Irgend-

wann haben sie Kompromisse gefunden. Und
sie erwarteten dasselbe von uns. Sie wussten
jedoch, dass Demokratie ein Grundgefühl der
Solidarität erfordert – den Gedanken, dass wir
trotz äußerlicher Unterschiede im selben Boot
sitzen, dass wir zusammen aufsteigen oder fal-
len. *(Applaus)*

Es hat Augenblicke in unserer Geschichte gegeben, in denen diese Solidarität bedroht war. Am
Anfang dieses Jahrhunderts gab es eine solche
Zeit. Eine kleiner werdende Welt, zunehmen-
de Ungleichheit, demographischer Wandel und
das Schreckgespenst des Terrorismus – all diese
Kräfte haben nicht nur unsere Sicherheit und
unseren Wohlstand gefährdet, sondern sind
auch eine Bewährungsprobe für unsere Demokratie. Wie wir diesen Herausforderungen
begegnen, wird über unsere Fähigkeit, unsere
Kinder zu erziehen, gute Jobs zu schaffen und
unser Land zu verteidigen, entscheiden. Mit
anderen Worten: Es wird über unsere Zukunft
entscheiden.

Zunächst einmal kann unsere Demokratie
nicht ohne wirtschaftliche Chancengleichheit
funktionieren. Die gute Nachricht ist: Unsere
Wirtschaft wächst wieder. Löhne, Einkom-

men, Immobilienwerte und Renten steigen wieder. Die Armut sinkt. *(Applaus)* Die Reichen zahlen einen gerechteren Steueranteil, während der Aktienmarkt Rekorde bricht. Die Arbeitslosenquote ist auf dem niedrigsten Stand seit fast zehn Jahren. Die Zahl der Nichtversicherten war noch nie niedriger. *(Applaus)* Die Gesundheitskosten steigen so geringfügig wie in den letzten fünfzig Jahren nicht mehr. Und ich habe gesagt und meine das auch so: Wenn irgendjemand einen Vorschlag hat, der nachweislich besser ist als die Optimierungen, die wir an unserem Gesundheitssystem vorgenommen haben, und mit dem es gelingt, genauso viele Menschen zu geringeren Kosten zu versichern, werde ich ihn öffentlich unterstützen. *(Applaus)*

Denn das ist schließlich der Grund, warum wir ein öffentliches Amt übernehmen: nicht, um zu punkten oder Lorbeeren einzuheimsen, sondern um das Leben der Menschen zu verbessern.

Wir wissen jedoch, dass der Fortschritt, den wir gemacht haben, nicht ausreicht. Unsere Wirtschaft funktioniert weniger gut oder wächst nicht so schnell, wenn es nur einigen

wenigen gutgeht – auf Kosten einer wachsen-
den Mittelschicht und der Aufstiegsmöglich-
keiten für jene, die ihr angehören wollen. Das
ist das wirtschaftliche Argument. Aber krasse
Ungleichheit schadet auch unserer demokratischen Idee. Während das oberste eine Prozent
einen immer größeren Anteil an Einkommen
und Vermögen angehäuft hat, wurden viele
Familien in den Innenstädten und auf dem
Land abgehängt: der entlassene Fabrikarbei-
ter, die Bedienung, die Pflegekraft, die gerade so über die Runden kommen und nur mit
Mühe ihre Rechnungen bezahlen können. Sie
sind allesamt überzeugt davon, dass sie als Ver-
lierer feststehen und dass ihre Regierung nur
den Interessen der Mächtigen dient – das führt
mit Sicherheit zu mehr Zynismus und Polarisierung in der Politik.

Für diese langfristige Entwicklung gibt es keine schnellen Lösungen. Ich bin der Meinung,
unser Handel sollte nicht nur frei, sondern auch
fair sein. Aber die nächste Welle wirtschaftli-
cher Umwälzungen wird nicht aus dem Aus-
land kommen. Vielmehr wird das unerbittliche
Tempo der Automatisierung viele gute Mittel-
schichtsarbeitsplätze überflüssig machen.

Deshalb werden wir einen neuen gesellschaftlichen Pakt schließen müssen, um dafür zu sorgen, dass unsere Kinder die Ausbildung bekommen, die sie brauchen *(Applaus)* und Arbeiter
sich organisieren und bessere Löhne aushandeln
können; um das soziale Sicherheitsnetz auf den
neuesten Stand zu bringen, so dass es unserer
Lebenswirklichkeit entspricht. Wir müssen das
Steuergesetz reformieren, damit Unternehmen
und Einzelpersonen, die am meisten von der
New Economy profitieren, sich nicht vor ihren
Verpflichtungen gegenüber dem Land drücken,
das ihren Erfolg ermöglicht hat. *(Applaus)*

Wir können darüber streiten, wie wir diese
Ziele erreichen. Aber wir dürfen sie nicht aufgeben. Denn wenn wir nicht Chancen für alle
schaffen, werden sich die Unzufriedenheit
und die Spaltung, die unseren Fortschritt ver-
zögern, noch verschärfen.

Es gibt noch eine weitere Bedrohung für unsere
Demokratie – sie ist so alt wie unsere Nation
selbst. Nach meiner Wahl war die Rede davon,
der Rassismus sei in Amerika überwunden.
Diese Sicht, wenn auch gut gemeint, entsprach
nie der Wirklichkeit. Die ethnische Herkunft
spielt in dieser Gesellschaft immer noch eine

mächtige, oft polarisierende Rolle. Ich bin alt
genug, um zu wissen, dass die Beziehungen
zwischen Menschen verschiedener Ethnien
besser sind als vor zehn, zwanzig oder dreißig
Jahren, egal, was manche sagen. *(Applaus)* Das
zeigt sich nicht nur in Statistiken, sondern in
den Einstellungen junger Amerikanerinnen
und Amerikaner aus dem gesamten politischen
Spektrum. Aber wir sind noch nicht da, wo wir
sein sollten. Und es gibt für uns alle noch viel
zu tun. *(Applaus)* Wenn jede wirtschaftliche
Frage als Kampf zwischen einer hart arbei-
tenden weißen Mittelschicht und einer Min-
derheit, die es nicht besser verdient, betrachtet
wird, dann werden Arbeitnehmer jeglicher
Schattierung um die letzten übriggebliebenen
Krümel kämpfen müssen, während sich die
Reichen weiter in ihre privaten Enklaven zurückziehen. *(Applaus)* Wenn wir nicht bereit
sind, in die Kinder von Zuwanderern zu inves-
tieren, nur weil sie nicht so aussehen wie wir,
verringern wir die Zukunftsaussichten unserer
eigenen Kinder, denn diese dunkelhäutigen
Kinder werden einen immer größeren Anteil
der amerikanischen Arbeitskräfte ausmachen.
(Applaus) Und wir haben gezeigt, dass unsere
Wirtschaft kein Nullsummenspiel sein muss.
Letztes Jahr sind die Einkommen aller gestie-

gen, egal welcher Herkunft, welchen Alters
oder welchen Geschlechts.

Wenn wir bei der Lösung des Rassenkonflikts
wirklich vorankommen wollen, müssen wir uns
an unsere Gesetze gegen Diskriminierung halten: am Arbeitsplatz, beim Wohnen, in der Bildung und im Strafrecht. *(Applaus)* Das schreibt
unsere Verfassung vor, und unser hoher mora-
lischer Anspruch verlangt es. *(Applaus)*

Gesetze allein reichen jedoch nicht aus – unsere
innere Einstellung muss sich wandeln. Das geschieht nicht über Nacht. Es dauert oft Generationen, bis Einstellungen sich ändern können.
Aber wenn Demokratie in dieser zunehmend
vielfältigen Nation funktionieren soll, dann
muss jeder Einzelne von uns versuchen, den Rat
einer großartigen Figur der amerikanischen
Literatur zu befolgen: Atticus Finch. *(Applaus)*
Er sagte: »Man kann einen anderen nur richtig
verstehen, wenn man die Dinge von seinem
Gesichtspunkt aus betrachtet ... wenn man in
seine Haut steigt und darin herumläuft.«[5]

Für Schwarze und andere Minderheiten bedeutet das, dass wir unseren eigenen, sehr realen
Kampf um Gerechtigkeit mit den Problemen

verbinden müssen, vor denen viele Menschen in diesem Land stehen – nicht nur Flüchtlinge, Zuwanderer, die Armen auf dem Land oder Transgender-Amerikaner, sondern auch Weiße mittleren Alters, die von außen betrachtet Vorteile zu genießen scheinen, deren Welt jedoch durch ökonomische, kulturelle und technologische Veränderungen auf den Kopf gestellt wurde. Hier müssen wir aufmerksam sein und zuhören. *(Applaus)*

Für weiße Amerikaner bedeutet das: Sie müssen sich eingestehen, dass die Folgen der Sklaverei und der Jim-Crow-Gesetze[6] nicht plötzlich in den Sechzigern verschwanden *(Applaus)* und dass Minderheiten keinen umgekehrten Rassismus oder politische Korrektheit praktizieren, wenn sie ihre Unzufriedenheit kundtun. Sie verlangen keine Sonderbehandlung, wenn sie friedlich demonstrieren, sondern die Gleichbehandlung, die unsere Gründerväter versprochen haben.

Für gebürtige Amerikaner bedeutet es, sich vor Augen zu führen, dass sich die heutigen Vorurteile gegenüber Zuwanderern fast wörtlich mit jenen über Iren, Italiener und Polen decken, die damals den Ruf hatten, sie würden

den Charakter der Vereinigten Staaten grund-
legend ändern. Wie sich gezeigt hat, wurde
Amerika durch diese Neuankömmlinge nicht
geschwächt; vielmehr haben sie das Credo dieser Nation übernommen und sie gestärkt.

Ungeachtet unserer gesellschaftlichen Position
müssen wir uns also mehr anstrengen. Zunächst einmal müssen wir davon ausgehen, dass
jeder unserer Mitbürger dieses Land genauso
liebt wie wir; dass sie harte Arbeit und Familie
ebenso wertschätzen wie wir; dass ihre Kinder
genauso neugierig und voller Hoffnungen und
liebenswert sind wie unsere. *(Applaus)*

Das ist nicht einfach. Viele von uns fühlen sich
inzwischen sicherer, wenn sie sich in ihre eigene Blase zurückziehen, sei es die Nachbar-
schaft, das College, das Gotteshaus oder insbesondere auch die Feeds der sozialen Medien,
wo wir von Menschen umgeben sind, die aussehen wie wir, die unsere politischen Ansichten
teilen und diese nie in Frage stellen. Die Zu-
nahme unverhohlener Parteilichkeit, die zu-
nehmende Bildung sozialer und regionaler
Schichten, die Zersplitterung unserer Medien
in Sender für jeden Geschmack – das alles lässt
das weitläufige Auseinanderdriften natürlich,

ja unausweichlich erscheinen. Nach und nach fühlen wir uns in unserer kleinen Welt immer sicherer und nehmen nur Informationen zur Kenntnis, die unabhängig von ihrem Wahrheitsgehalt zu unseren Ansichten passen, statt uns auf der Grundlage von Fakten unsere Meinung zu bilden. *(Applaus)*

Diese Entwicklung ist die dritte Bedrohung für unsere Demokratie. Politik ist ein Wettstreit der Ideen – so ist unsere Demokratie konzipiert. Im Verlauf einer lebhaften Debatte geben wir unterschiedlichen Zielen und durchzuführenden Maßnahmen den Vorzug. Aber ohne eine gemeinsame Faktenbasis, ohne die Bereitschaft, neue Informationen zuzulassen und einzuräumen, dass der Gegner einen berechtigten Einwand haben mag und dass Wissenschaft und Vernunft zählen, *(Applaus)* werden wir weiter aneinander vorbeireden, keine Übereinstimmungen und keine Kompromisse finden. *(Applaus)*

Das ist es, was unter anderem in der Politik oft so entmutigend ist. Wie kann es sein, dass sich Mandatsträger über Haushaltsdefizite aufregen, wenn wir vorschlagen, Geld für Vorschulen auszugeben, aber nicht, wenn wir Unternehmenssteuern senken? *(Applaus)* Wie kann es sein, dass wir moralische Fehltritte in unserer eigenen Partei entschuldigen, uns aber auf andere Parteien stürzen, wenn sie sich genauso verhalten? Dieser selektive Umgang mit Fakten ist nicht nur unehrlich, er ist auch sinnlos. Denn wie schon meine Mutter immer zu mir sagte: Eines Tages holt die Realität dich ein. *(Applaus)*

Denken wir an die Herausforderung des Klimawandels. In nur acht Jahren haben wir unsere Abhängigkeit von ausländischem Öl halbiert; wir haben die Nutzung erneuerbarer Energien verdoppelt; wir haben die Welt zu einem Abkommen geführt, das verspricht, diesen Planeten zu retten. *(Applaus)* Aber ohne entschlossenes Handeln werden unsere Kinder keine Zeit mehr haben, über die Realität des Klimawandels zu diskutieren, sondern mit dessen Auswirkungen zu tun haben: mehr Umweltkatastrophen, mehr Störungen der wirtschaftlichen Entwicklung, Wellen von Zuflucht suchenden Klimaflüchtlingen. *(Applaus)*

Wir können und sollten darüber streiten, wie wir am besten vorgehen, um dieses Problem zu lösen. Aber es einfach bloß zu leugnen ist nicht nur Verrat an zukünftigen Generationen,

sondern auch Verrat am Geist unseres Landes:
am Sinn für Neuerungen und für praktische
Lösungen, die unsere Gründerväter geleitet
haben. *(Applaus)*

Es ist diese in der Aufklärung verwurzelte Einstellung, die uns zu einer Wirtschaftsmacht
gemacht hat, die in Kitty Hawk und Cape Ca-
naveral zum Flug abhob, die Krankheiten heilt
und Computer alltäglich gemacht hat. Es ist
diese Einstellung – das Vertrauen in Vernunft
und Unternehmungsgeist und der Vorrang des
Rechts über Macht –, die es uns ermöglicht hat,
während der Weltwirtschaftskrise den Ver-
suchungen von Faschismus und Tyrannei zu
widerstehen und nach dem Zweiten Weltkrieg
mit anderen Demokratien eine Weltordnung
aufzubauen, die nicht nur auf militärischer
Macht oder nationalen Beziehungen, sondern
auf Prinzipien beruht: Rechtsstaatlichkeit,
Menschenrechte, Religions-, Meinungs- und
Versammlungsfreiheit und eine unabhängige
Presse. *(Applaus)*

Diese Ordnung ist jetzt bedroht – erst von ge-
walttätigen Fanatikern, die behaupten, im Na-
men des Islam zu handeln, und zuletzt von Au-
tokraten in anderen Ländern, die freie Märkte,

offene Demokratien und eine Zivilgesellschaft
als Bedrohung ihrer Macht betrachten. Die Gefahr, die sie alle für unsere Demokratie darstel-
len, ist weitreichender als eine Autobombe oder
eine Rakete. Dahinter steckt die Angst vor Veränderung, die Angst vor Menschen, die anders
aussehen oder sprechen oder an etwas anderes
glauben; die Verachtung von Rechtsstaatlichkeit, die Politiker zur Verantwortung zieht;
die Intoleranz gegenüber Andersdenkenden
und die Ablehnung von Meinungsfreiheit; die
Überzeugung, dass Schwerter, Gewehre, Bom-
ben und Propagandamaschinerien darüber entscheiden, was wahr und was richtig ist.

Dank des außergewöhnlichen Mutes unserer
Soldatinnen und Soldaten, dank unserer Ge-
heimdienstmitarbeiter, Strafverfolgungsbehör-
den und Diplomaten, die unsere Streitkräfte
unterstützen, *(Applaus)* ist es in den letzten acht
Jahren keiner ausländischen Terrororganisati-
on gelungen, einen Angriff auf unser Land zu
planen und zu verüben. *(Applaus)* Und auch
wenn Boston, Orlando, San Bernardino und
Fort Hood uns daran erinnern, wie gefährlich
Radikalisierung sein kann, sind unsere Straf-
verfolgungsbehörden heute effektiver und
wachsamer denn je. Wir haben Zehntausende

Terroristen ausgeschaltet, darunter Bin Laden.
(Applaus) Die weltweite Koalition gegen die
»IS«-Terrormiliz, die wir anführen, hat ihre
Führer ausgeschaltet und ihr knapp die Hälfte
ihrer Gebiete genommen. Die »IS«-Terrormi-
liz wird zerstört werden, und niemand, der
die Vereinigten Staaten bedroht, wird je sicher
sein. Allen, die gedient haben oder noch dienen, möchte ich sagen, dass es die größte Ehre
meines Lebens war, euer Oberbefehlshaber zu
sein. Wir alle sind euch zu tiefstem Dank ver-
pflichtet. *(Applaus)*

Es ist jedoch nicht die Aufgabe allein unserer
Streitkräfte, unsere Art zu leben zu verteidigen. Die Demokratie kann wanken, wenn wir
der Angst nachgeben. Ebenso wie wir, als Bürger, weiterhin wachsam gegenüber Angriffen
von außen sein müssen, müssen wir uns vor der
Aushöhlung der Werte in Acht nehmen, die
uns zu dem machen, was wir sind. *(Applaus)*

Deshalb habe ich in den vergangenen acht
Jahren daran gearbeitet, den Kampf gegen den
Terrorismus auf ein stabileres rechtliches Fun-
dament zu stellen. Deshalb haben wir Folter
untersagt, die Schließung Guantánamos vor-
angetrieben und die Gesetze, die die staatli-

che Überwachung regeln, reformiert, um die Privatsphäre und bürgerliche Freiheiten zu schützen. *(Applaus)* Darum lehne ich auch die Diskriminierung von Amerikanerinnen und Amerikanern muslimischen Glaubens ab, die genauso patriotisch sind wie wir. *(Applaus)*

Und deshalb können wir uns nicht aus globalen Konflikten zurückziehen: um Demokratie, Menschenrechte, Rechte von Frauen und LGBT[8] zu stärken. Wie unzulänglich unsere Bemühungen auch sein mögen und wie vorteilhaft es auch erscheinen mag, diese Werte zu vernachlässigen, all dies gehört zur Verteidigung der Vereinigten Staaten. Denn der Kampf gegen Extremismus, Intoleranz, Sektierertum und Chauvinismus ist Teil des Kampfes gegen Autoritarismus und nationalistische Aggression. Wenn Freiheit und die Achtung der Menschenrechte weltweit in den Hintergrund gedrängt werden, werden Kriege zwischen Staaten wahrscheinlicher und unsere eigenen Freiheiten irgendwann bedroht sein.

Wir sollten also wachsam sein – aber keine Angst haben. *(Applaus)* Die »IS«-Terrormiliz wird versuchen, unschuldige Menschen zu töten. Aber sie kann die Vereinigten Staaten nicht

besiegen, solange wir in diesem Kampf unsere
Verfassung und unsere Prinzipien nicht verra-
ten. *(Applaus)* Gegenspieler wie Russland oder
China können es hinsichtlich unseres interna-
tionalen Einflusses nicht mit uns aufnehmen,
sofern wir nicht aufgeben, wofür wir stehen,
(Applaus) und solange wir uns nicht mit den
anderen großen Ländern in eine Reihe stellen,
die ihre kleineren Nachbarn schikanieren.

Damit komme ich zu meinem letzten Punkt:
Unsere Demokratie ist in Gefahr, wenn wir sie
als etwas Selbstverständliches betrachten. *(Applaus)* Wir alle, egal, welcher Partei wir angehören, sollten uns an die Aufgabe machen, unsere
demokratischen Institutionen wiederaufzubau-
en. *(Applaus)* Wenn die Wahlbeteiligung in den
Vereinigten Staaten zu den niedrigsten in den
entwickelten Demokratien gehört, sollten wir
das Wählen einfacher, nicht schwerer machen.
(Applaus) Wenn das Vertrauen in unsere Institutionen gering ist, sollten wir den schädlichen
Einfluss des Geldes auf die Politik einschränken
und bei öffentlichen Ämtern auf Transparenz
und ethische Prinzipien bestehen. *(Applaus)*
Wenn der Kongress nicht vernünftig arbeitet,
sollten wir die Wahlbezirke so zuschneiden,
dass Politiker dazu ermuntert werden, gesun-

den Menschenverstand walten zu lassen, statt
starren Extremen zu folgen. *(Applaus)*

Aber denkt daran, nichts davon geschieht von
selbst. Alles hängt von unserer Mitwirkung ab,
davon, dass jeder von uns Verantwortung als
Bürger übernimmt, egal, in welche Richtung
das Pendel der Macht gerade schwingt.

Unsere Verfassung ist ein bemerkenswertes,
wunderbares Geschenk. Aber eigentlich ist es
nur ein Stück Pergamentpapier, das für sich
genommen keine Macht hat. Wir, das Volk,
verleihen ihm Bedeutung: durch unsere Mitwirkung, die Wahlen, die wir treffen, und die
Bündnisse, die wir schließen. *(Applaus)* Ob wir
uns für unsere Freiheit einsetzen oder nicht und
ob wir die Rechtsstaatlichkeit achten und stüt-
zen oder nicht: Es liegt an uns. Die Vereinigten
Staaten sind kein zerbrechliches Gebilde. Aber
es gibt keine Garantie für die Errungenschaften
auf unserer langen Reise zur Freiheit.

George Washington schreibt in seiner Abschiedsrede, dass Selbstverwaltung die Basis
unserer Sicherheit, unseres Wohlstands und unserer Freiheit ist, aber dass »aus verschiedenen
Gründen und von verschiedenen Seiten man

sich viel Mühe geben, viel Listen anwenden
wird, um in euern Herzen den Glauben an diese
Wahrheit zu erschüttern«. Deshalb müssen wir
diese Wahrheit mit »eifersüchtiger Sorgsam-
keit« hüten und sollten entschieden »auch schon
den geringsten Versuch zurückweisen, irgend-
einen Teil unseres Landes von dem übrigen zu
trennen oder die heilige Bande zu lockern«,[9] die
uns einen. *(Applaus)*

Amerika, wir schwächen diese Bande, wenn
wir zulassen, dass unser politischer Diskurs
so destruktiv wird, dass anständige Menschen
nicht mehr bereit sind, öffentliche Ämter zu
übernehmen; so grob vor Hass, dass wir Amerikanerinnen und Amerikaner, die anderer
Meinung sind, nicht nur als irregeleitet, sondern als böswillig betrachten. Wir schwächen
diese Bande, wenn wir einige von uns als ame-
rikanischer betrachten als andere, wenn wir
das gesamte System als hoffnungslos korrupt
abschreiben, wir uns zurücklehnen und den
von uns gewählten Politikern die Schuld geben,
ohne darüber nachzudenken, welche Rolle wir
selbst bei ihrer Wahl gespielt haben. *(Applaus)*

Es ist unsere Pflicht, eifersüchtige, besorg-
te Hüter unserer Demokratie zu sein und die

lohnende, uns übertragene Aufgabe zu übernehmen, dieses großartige Land unablässig zu
verbessern. Denn bei allen äußerlichen Unter-
schieden tragen wir doch alle denselben stolzen
Titel, das wichtigste Amt in einer Demokratie:
das des Bürgers. *(Applaus)* Wir sind Bürgerinnen und Bürger.

Ihr seht, das ist es, wonach unsere Demokratie
verlangt. Sie braucht euch. Nicht nur, wenn
Wahlen anstehen, nicht nur, wenn es um eure
eigenen Interessen geht, sondern ein ganzes
Leben lang. Wenn ihr genug davon habt, im
Internet mit Fremden zu streiten, versucht
mal, mit einem davon im wirklichen Leben
zu sprechen. *(Applaus)* Wenn etwas korrigiert
werden muss, dann krempelt die Ärmel hoch
und organisiert etwas. *(Applaus)* Wenn ihr von
euren gewählten Vertretern enttäuscht seid,
dann schnappt euch ein Klemmbrett, sammelt
Unterschriften und kandidiert selbst. *(Applaus)*
Zeigt Gesicht! Engagiert euch! Bleibt dran!

Mal werdet ihr gewinnen, mal verlieren. An das
Gute in anderen Menschen zu glauben kann
riskant sein, und es wird Zeiten geben, in denen
ihr von den politischen Prozessen enttäuscht
seid. Aber ich kann euch versichern, wer das

Glück hat, an dieser Arbeit teilzunehmen und
sie hautnah zu erleben, schöpft daraus Energie
und neue Ideen. Und der Glaube an die Vereinigten Staaten – und an die Amerikanerinnen
und Amerikaner – wird häufiger bestätigt als
enttäuscht. *(Applaus)*

Das gilt jedenfalls für mich. In den letzten acht
Jahren habe ich in die hoffnungsvollen Gesich-
ter junger Absolventinnen und Absolventen
und unserer Nachwuchsoffiziere geblickt. Ich
habe mit verzweifelten Angehörigen getrauert,
die nach Antworten gesucht haben, und in einer
Kirche in Charleston Trost gefunden. Ich habe
erlebt, wie unsere Wissenschaftler es geschafft
haben, dass ein Gelähmter seinen Tastsinn
wiedererlangen konnte. Ich habe verwundete
Soldaten, die man fast schon aufgegeben hatte,
wieder laufen sehen. Ich habe gesehen, wie unsere Ärzte und freiwilligen Helfer nach Erdbe-
ben den Wiederaufbau unterstützten und Pan-
demien Einhalt geboten haben. Ich habe erlebt,
wie kleine Kinder uns durch ihr Verhalten und
ihre Großzügigkeit an die Pflicht erinnern, uns
um Flüchtlinge zu kümmern, uns für Frieden
einzusetzen und, vor allem, aufeinander auf-
zupassen. *(Applaus)*

Das Vertrauen, das ich vor all den Jahren nicht weit von hier in die Fähigkeiten der ganz normalen Amerikanerinnen und Amerikaner gesetzt habe, etwas zu verändern – dieses Vertrauen wurde auf so vielfältige Weise belohnt, wie ich es mir nicht hätte vorstellen können. Ich hoffe, das gilt auch für euer Vertrauen. Einige von euch, die heute hier sind oder zu Hause zuschauen, waren 2004, 2008 oder 2012 dabei *(Applaus)* – und vielleicht können sie immer noch nicht glauben, dass wir es geschafft haben. Ich sage euch, ihr seid nicht die Einzigen. *(Gelächter)*

Michelle – *(Applaus)* – Michelle LaVaughn Robinson, Mädchen aus der South Side *(Applaus)*, du warst in den letzten 25 Jahren nicht nur meine Frau und die Mutter meiner Kinder, sondern auch meine beste Freundin. *(Applaus)* Du hast eine Rolle übernommen, um die du nicht gebeten hast, und sie mit Anmut, Entschlossenheit, Stil und Humor erfüllt. *(Applaus)* Du hast das Weiße Haus zu einem Ort gemacht, der allen gehört. *(Applaus)* Und die junge Generation steckt sich höhere Ziele, weil sie dich als Vorbild hat. *(Applaus)* Du hast mich stolz gemacht. Und du hast unser Land stolz gemacht. *(Applaus)*

Malia und Sasha, ihr seid unter sehr ungewöhn-
lichen Umständen zu zwei großartigen jungen
Frauen herangewachsen. Ihr seid intelligent
und schön – aber was wichtiger ist: Ihr seid
freundlich, rücksichtsvoll und voller Leidenschaft. *(Applaus)* Ihr habt die Last des Lebens
in der Öffentlichkeit mit großer Leichtigkeit
getragen. Von allem, was ich in meinem Leben
erreicht habe, bin ich am stolzesten darauf, euer
Vater zu sein. *(Applaus)*

Joe Biden *(Applaus)* – der rauflustige Junge aus
Scranton, der der bekannteste Sohn Delawares
wurde: Du warst meine erste Wahl, als ich no-
miniert wurde, und es war die beste. *(Applaus)*
Nicht nur, weil du ein großartiger Vizeprä-
sident gewesen bist, sondern auch, weil ich darüber hinaus einen Bruder bekommen habe. Wir
lieben dich und Jill wie Familienangehörige,
und eure Freundschaft zählt zu den schönsten
Erfahrungen unseres Lebens.

Meinen außergewöhnlichen Mitarbeiterinnen
und Mitarbeitern möchte ich sagen: Ich habe
acht Jahre, in einigen Fällen noch viel länger, aus
eurer Energie geschöpft und jeden Tag versucht
zurückzugeben, was ihr bewiesen habt: Herz,
Charakter und Idealismus. Ich habe miterlebt,

wie ihr älter geworden seid, geheiratet habt,
Kinder bekamt, euch auf erstaunliche neue, eigene Wege begeben habt. Selbst in schwierigen
und frustrierenden Zeiten habt ihr euch nie von
Washington unterkriegen lassen, seid nie in Zynismus verfallen. Und das Einzige, was mich
noch stolzer macht als all das Gute, das wir zusammen erreicht haben, ist der Gedanke an all
die großartigen Dinge, die ihr zukünftig noch
erreichen werdet. *(Applaus)*

Euch allen – allen Helfern, die in eine fremde
Stadt gezogen sind, jeder freundlichen Familie,
die sie willkommen geheißen hat, allen Freiwilligen, die an Türen geklopft haben, allen jungen
Menschen, die zum ersten Mal gewählt haben,
allen Amerikanerinnen und Amerikanern, die
nur für die schwierige Aufgabe der Veränderung gelebt haben: Ihr seid die besten Unter-
stützer und Helfer, die man sich wünschen
kann, und ich werde euch immer dankbar sein.
(Applaus) Denn ihr habt die Welt verändert.
(Applaus) Das habt ihr!

Und deshalb werde ich beim Verlassen dieser
Bühne heute Abend noch optimistischer sein,
was dieses Land angeht, als damals, als wir
begonnen haben. Denn ich weiß: Unsere Ar-

beit hat nicht nur vielen Amerikanerinnen und Amerikanern geholfen, sie hat auch viele ermutigt – insbesondere viele junge Menschen da draußen –, daran zu glauben, dass sie etwas bewirken können, *(Applaus)* dass sie sich ein hohes Ziel setzen können.

Ich sage euch, dieser kommenden Generation – uneigennützig, altruistisch, kreativ, patriotisch –, ich habe euch in jedem Winkel des Landes angetroffen. Ihr glaubt an ein faires, gerechtes und alle einbeziehendes Amerika. *(Applaus)* Ihr wisst, dass ständige Veränderung kennzeichnend ist für Amerika und dass man sich davor nicht fürchten, sondern sie begeistert annehmen sollte. Ihr seid bereit, die schwierige Arbeit der Demokratie weiterzuführen. Ihr werdet bald mehr sein als wir. Und deshalb glaube ich, dass die Zukunft in guten Händen ist. *(Applaus)*

Meine lieben amerikanischen Mitbürgerinnen und Mitbürger, es war die größte Ehre meines Lebens, euch zu dienen. *(Applaus)* Ich werde nicht damit aufhören. Vielmehr werde ich bis ans Ende meines Lebens bei euch bleiben, als Bürger. Aber vorher habe ich als euer Präsident eine letzte Bitte an euch, ob ihr jung seid oder jung geblieben – dieselbe wie vor acht Jahren, als ihr auf mich gesetzt habt. Ich bitte euch, an euch zu glauben. Nicht an meine Fähigkeit, etwas zu verändern, sondern an eure.

Ich bitte euch, an der Überzeugung festzuhalten, die in unserer Gründungsurkunde formuliert ist, der Idee, die Sklaven und Gegner der Sklaverei flüsternd verbreiteten, dem Geist, den Immigranten und Siedler und alle, die für Gerechtigkeit marschierten, besangen, dem Credo, bekräftigt von denen, die Fahnen aufgestellt haben auf fernen Schlachtfeldern und auf dem Mond, dem Credo, das jede Amerikanerin und jeder Amerikaner, dessen Geschichte noch nicht geschrieben ist, im Herzen trägt: Ja, wir schaffen das! *(Applaus)*

Ja, wir haben es geschafft! Ja, wir schaffen das
(Applaus)

Danke. Gott segne euch. Möge Gott weiterhin die Vereinigten Staaten von Amerika segnen.

DANKSAGUNG

Die Herausgeber danken Inhaber und Mitar-
beitern des Harvard Book Store in Cambridge,
Massachusetts, die die Idee zu diesem Buch
hatten, und dessen Geschäftsführerin Carole
Horn, die uns erlaubt und ermutigt hat, diese
Idee zu übernehmen.

ANMERKUNGEN

1 George Washington zit. n. Herbert Schambeck (Hg.): *Dokumente zur Geschichte der Vereinigten Staaten von Amerika.* 2., erw. Auflage, Berlin, Duncker & Humblot 2007, S. 232 f.

2 Mit der *Reach Higher*-Initiative wollte Michelle Obama amerikanische Schüler dazu motivieren. nach dem Highschool-Abschluss eine weiterführende Ausbildung zu beginnen.

3 Bundesgesetz von 1944, das die Wiedereingliederung von US-Soldaten ins Berufsleben vereinfachte.

4 Staatliche Ausbildungsbeihilfe.

5 Gemeint ist das 1780 gegründete Netzwerk *Underground Railroad*.

6 Harper Lee: *Wer die Nachtigall stört.* Übers. v. Claire Malignom. Reinbek bei Hamburg, Rowohlt 1962, S. 43.

7 Reihe von US-Gesetzen, mit denen bis 1964 die Rassentrennung festgeschrieben wurde.

8 Abkürzung für »Lesbian«, »Gay«, »Bisexual« und »Transgender«.

9 George Washington, zit. n. Schambeck, S. 229.

Die amerikanische Originalausgabe erschien 2017
unter dem Titel *Farewell Speeches*
bei Melville House Publishing, New York/London.

ISBN 978-3-550-05019-0

2. Auflage 2017

© 2017 für die deutsche Ausgabe
Ullstein Buchverlage GmbH, Berlin
Alle Rechte vorbehalten
Lektorat: Tanja Ruzicska
Gesetzt aus der Granjon
Satz: L42 AG, Berlin
Druck und Bindearbeiten:
GGP Media GmbH, Pößneck